Este libro pertenece a:

_____

Otros libros de Ashley Rice en español

*Sólo para niñas ...un libro muy
especial creado especialmente
para ti*

Propiedad intelectual © 2005, 2006 de Blue Mountain Arts, Inc.

Número de tarjeta de catálogo de la Biblioteca del Congreso: 2006902008
ISBN-13: 978-1-59842-162-0
ISBN-10: 1-59842-162-X

Algunas marcas comerciales son usadas por licencia.

Hecho en los Estados Unidos de América.
Primera impresión en español: 2006

 Este libro se imprimió en papel reciclado.

Este libro está impreso en papel vergé de alta calidad, de 80 lbs, estampado en seco. Este papel ha sido producido especialmente para estar libre de ácido (pH neutral) y no contiene madera triturada ni pulpa no blanqueada. Cumple todos los requisitos de American National Standards Institute, Inc., lo que garantiza que este libro es duradero y podrá ser disfrutado por generaciones futuras.

Blue Mountain Arts, Inc.

P.O. Box 4549, Boulder, Colorado 80306, EE.UU.

Adelante, niña... sigue soñando

un libro especial sobre cómo
creer siempre en una misma

Ashley Rice

Artes Monte Azul™
Blue Mountain Arts, Inc., Boulder, Colorado

Presentación
por Penelope J. Miller

¡Hola! Mi nombre es Penelope J. Miller y soy la narradora de un libro que se llama *Sólo para niñas* y ahora también de este libro. Estoy emocionada de poder contarte de qué se trata este libro y de hacer este viaje por sus páginas contigo.

Los dibujos y las palabras de este libro fueron creados para incentivar a niñas como tú a que sigan sus sueños y a que sean quienes realmente son. Es importante que seas tú misma, que creas en ti misma y seas la estrella de tu propia vida. Es importante también que sepas que hacer cualquier cosa significa muchas veces cometer errores. A veces no intentamos hacer cosas que quisiéramos hacer, porque tenemos miedo de que el primer intento no tenga éxito o no sea perfecto. En mi opinión la única manera de llegar a la meta es saltando todas las vallas en el camino, aunque en el primer intento te las lleves todas por delante.

Cuando el camino que lleva a mis sueños es un poco desigual, resuelvo las cosas escribiendo mis pensamientos (es por eso que en este libro hay una página para que tú también puedas escribir tus pensamientos). Quizás tu manera de resolver las cosas — y tus sueños — tiene que ver con las matemáticas o con la gimnasia o con las ciencias. Quizás resuelvas los problemas de tu vida hablando con gente o jugando al fútbol. No importa; el mundo está lleno de ideas y cada persona aporta algo especial al mundo que nadie más puede aportar. Esto es lo que digo de esa gran idea: aférrate a tus sueños y entrega a tu vida todo lo que tienes.

Así que, de cualquier forma, espero que donde sea que estés, estés bien — y que siempre creas en tus sueños.

Tu amiga,

Penelope J.

Sigue adelante, niña:

En este mundo...
te deseo:
un poco de paz
un poco de aMor
un poco de suerte
un poco de sol
un poco de felicidad
un poco de diversión...

...¿y en cuanto
a alcanzar tus
sueños
y metas?

...tú puedes hacerlo, niña:
Sigue adelante.

¡Sigue soñando!

doctora

hermana

artista

princesa

amiga

diosa

ángel

astronauta

niña

hija

escritora

presidenta

mujer

atleta

¡Puedes **ser** lo que quieras!

Niñas que cambian el mundo

Hay niñas que hacen que todo esté mejor...
simplemente por estar allí.
Hay niñas que hacen que las cosas sucedan,
niñas que se hacen camino.
Hay niñas que ponen su grano de arena,
niñas que nos hacen sonreír.
Hay niñas que no ponen excusas,
niñas que no se pueden reemplazar.
Hay niñas inteligentes y sabias, quienes —
con fuerza y coraje — superan
sus obstáculos.
Hay niñas que cambian el mundo
todos los días al soñar y luego hacer
lo necesario para lograr esos sueños...

niñas como tú.

Tú eres un arco iris
en el cielo

Tú eres una
persona
súper especial,

tú eres una
mariposa especial.

Tú eres el
sabor más rico
de todos...

como una tarta
de chocolate y
cerezas.

Tú eres
un ángel

y un comodín,

un misterio
que nunca miente.

Como un sueño
enviado a las estrellas,
tú eres...

un arco iris en el **cielo**.

Algunas palabras sobre ti:

increíble ♥
maravillosa...
emocionante
rompecorazones
linda...
súper-inteligente
deslumbrante...
única...

y eres una
de las niñas grandiosas
que conozco...

Creo en ti

Creo en cómo eres
y en cómo serás.
Creo en las cosas que dices.
Significas todo para mí.
Y si algún día te fueses,
si algún día volteases,
si algún día dudases de tus sueños,
de cualquier forma,
no pienses dos veces en ello.
No te preocupes mucho
por si encontrarás un lugar
para ti en este mundo — al que perteneces.

Yo sé que tú llegarás adonde
te propongas algún día.
Porque sin importar lo que suceda,
tú encontrarás el camino.
Creo en cómo eres
y en cómo serás.
Tú eres una estrella brillante
en este mundo...

y tú significas el mundo
para mí.

Hay una **regla** y
sólo una regla
que necesitas
cumplir...

mientras vayas por este **mundo**...
si quieres hacerte camino
como una **estrella**...

da siempre lo **mejor** de ti.

Consejo útil Nº 1:

acerca de cómo no volver a dudar de una misma

Dudar de una misma se parece mucho a cuando se te congela el cerebro...

tu
cerebro →
frío

piensa en otra
cosa...

tu cerebro
imaginándose →
el sol

...y finalmente
se irá.

tu
cerebro →
feliz

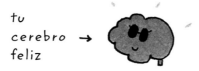

Siempre se **tú misma**...
porque nadie más
puede compararse
con la **integridad** de
tu propio
corazón...

La capacidad de ser una misma es quizás una de las mejores cualidades que una persona puede "tener" y — a la misma vez — dar. Cuando somos realmente nosotras mismas encontramos a nuestras mejores amigas, escribimos nuestras mejores líneas, obtenemos las mejores notas en los interminables exámenes que constantemente enfrentamos. Cuando somos nosotras mismas descubrimos las cosas que tenemos en común con los otros...

★ ★ ★ por medio de una sonrisa comprensiva por algo que acabamos de decir o por encontrarnos con otra gente en el camino que escogimos... sólo porque ellos también están siendo ellos mismos y siguiendo sus corazones han escogido el mismo camino. Es cuando somos nosotras mismas que brillamos lo más fuerte posible, reímos lo más alto posible y aprendemos lo más que podemos. Ser una misma a menudo incluye momentos en que tenemos que correr o esperar... Cuando somos nosotras mismas podemos darle valor a otra persona. Esta, mi amiga, es la parte de "dar", y la razón por la cual ser una misma nunca es un acto egoísta, sino que está basado — siempre, siempre — en el amor, la amistad y la valentía.

grandeza

montaña escalada por el valor...

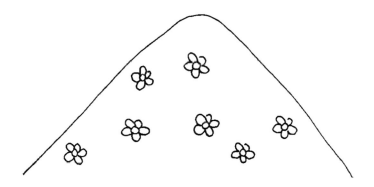

Cuando la **labor** que te aguarda
  es una montaña frente a ti
tal vez te parezca imposible de escalar.
  Pero no hace falta que la
    escales de una vez —
sino **paso** a paso.
    Da un pasito...
  y otro pasito...
    y otro...
y verás que...
  la labor que era una montaña
    frente a ti...
es una montaña que ya has **escalado**.

Consejo útil N° 2:

o lo que el primero de todos los pájaros le enseñó al **mundo** ★

Cuando la tierra se hunda debajo de ti...

aprende a volar.

Si nunca has **fracasado**... entonces probablemente no has estado "luchando" en la categoría de "peso" correcta — con la **mejor** 😊 😊 😊 competencia. 🖤 Si nunca has sido lastimada... entonces **probablemente** nunca has ido tras **algo** que amabas. Si nunca has estado **asustada**... entonces probablemente nunca te has arriesgado o nunca te ha **importado** algo lo suficiente como para que — **ganes o pierdas** — simplemente des **todo** lo que **tienes**... tú sabes: darte por completo. Si nunca te has **caído**... entonces no has crecido nunca ni has aprendido cómo levantarte. Si nunca has **perdido**... entonces **probablemente** no te has arriesgado lo **suficiente**...

Así que: si aprender y **vivir** requieren **tantas** "caídas" y tropiezos... ¿**Cómo sabes** tú si alguna vez haces algo bien?... ★

...porque **cuando** te caes — te caes; pero **tu corazón**... baila. ☆

Un pequeño consejo:

Si no estás muy segura
de qué camino tomar...

pregúntale a tu corazón —
tu corazón
sabrá.

Cuando tu mente
no sepa
qué **decir**...

tu corazón
encontrará un camino.

Cuando no puedas **ver**
la meta final
o cuando tus **sueños**
parezcan difíciles de encontrar...

Debes **saber** que
conoces el camino:
tu **corazón** te
guiará hacia él
algún día.

Lleva estas **cosas contigo** **adonde** sea que **vayas:**

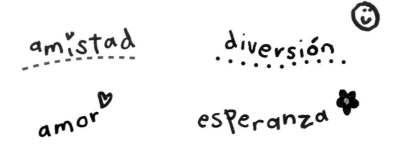

amistad   diversión

amor   esperanza

convicción en tus **sueños**
convicción en tus metas...

y **determinación**
para llegar **adonde sea**
que necesites ir.

Cosas que quiero hacer cuando sea grande:

Cosas que quiero hacer ahora:

_____
_____
_____
_____
_____
_____
_____
_____
_____
_____
_____
_____
_____
_____
_____
_____
_____
_____
_____
_____
_____
_____
_____
_____

Tú eres
una
niña

1. astuta

 2. inteligente

3. maravillosa

4. valiente...

5. extraordinaria

6. independiente

7. increíble

8. audaz

¡Puedes hacer **todo** lo
que te propongas!

Perteneces a un largo linaje
de mujeres que empezaron como
niñas soñando —
y crecieron manteniendo sus
creencias —
    y crecieron para ser
mujeres de intelecto, coraje,
visión, creatividad...

...mujeres que hacen
la diferencia.

Y, hasta donde puedo ver,
tú vas bien
encaminada
para convertirte en
una mujer así.

Crecer es difícil.

Crecer no es fácil...

pero cada vez que creces...

aprendes algo nuevo.

Y cada vez que creces...

te **acercas** un poco
más...

a que tus **sueños**
se hagan realidad.

Crecer no
es fácil,
pero vale la pena.

Cómo **llegar** a **tu**
futuro:

1. trabaja mucho
2. estudia mucho
3. aprende todo
   lo que sea
   posible...

4. ríete

5. diviértete

6. y aduéñate de
   tu futuro.

Conquistando tu propio corazón:

Encuentra un poco de **felicidad**.

Encuentra un poco de **esperanza**.

Encuentra un **lugar** pequeño o quizás

uno muy grande, donde puedas **ir**.

Encuentra un pequeño (o gran), pero siempre

excelente sueño.

Encuentra algo de **diversión** genuina

y **verdadera**.

Si puedes **hacer** estas cinco

cosas...

... habrás **ganado**.

Eres una niña
increíble.

 Has que tu corazón
siempre **baile.**

Consejo útil N° 3:

acerca de la esperanza

Debes tener esperanza
y debes seguir intentando
y debes seguir creyendo
que todo aquello por lo que luchas
y tratas de hacer vale la pena.
Debes tener algo de corazón*
y debes tener motivación...
pero, más que nada debes tener
esperanzas...

...y la esperanza viene de adentro tuyo.

Si **fueses...**

tú

Si fueses
una ⭐ estrella...

serías la
que brilla.

Serías el
arco 🌈 iris
extraordinario si
los arco iris
fueran 💙 escasos.

Si fueras
una respuesta...

serías la ✓
correcta.

👞 Serías la
talla perfecta,
si fueses
un zapato.

Si fueras   serías el
    un buen   mejor.
        pastel...

Serías ¿ agradable
    como el rayo de sol
que hace al cielo
        azul...

Pero **tú eres** tú misma...
    que es **mejor**
que todo esto junto.

Un intelecto **agraciado**...

...un carácter sincero y
                          fuerte...

Lo que
tú tienes

una **gran** suspicacia
y humor y
sabiduría...

las agallas para ir...
                    el corazón
                    para creer y para
                    vivir y para **soñar.**

48

...y **estilo**, nena — estilo.

Si alguien fuera a **escribir**

un **libro** sobre ti,

sería un libro

acerca de

una soñadora,

una niña que
tiene esperanzas,

una buscadora,

una niña que encuentra,

una niña que imagina,

una creadora,

una buena guardadora
de secretos,

una niña que conmueve,

una niña que sacude,

una niña hacedora
de sueños mágicos,

una artista,

un ángel,

una niña que escucha,

una amiga.

Tú tienes:

*poder femenino...♥

Hay grandeza
en ti — en todo lo que
haces y en todo
lo que eres.

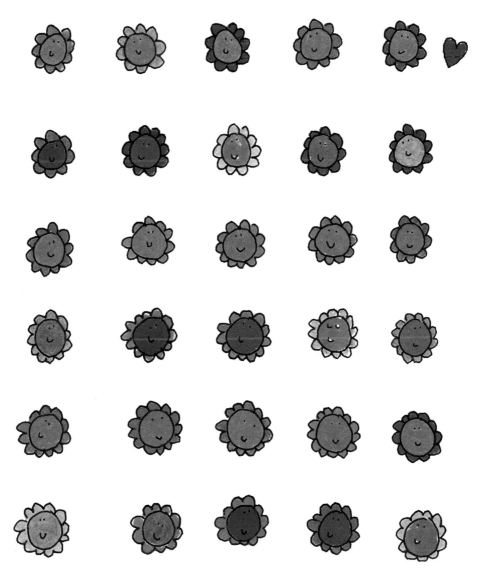

El poder de la margarita:

La margarita es una **flor** muy especial que necesita **luz solar**,

sueños

y metas

para crecer

fuerte...

y, para mí,

está claro

que tienes

el poder de

la **margarita...**

porque, niña, tus **sueños** están **creciendo** cada hora.

Consejo útil N° 4:

sé **libre**

de

creer en

los **sueños...**

y **nunca** te des

por vencida. ♡

Tú eres tu
mejor consejera,
  la mejor jueza de tu
propio corazón...
  tu mejor
creadora de sueños, cartógrafa
y compás.
Tú eres tu mejor
aliento y tu
  mejor porrista
cuando las cosas no van bien.
Tú eres tú misma...
  ¡y eso es más que
    suficiente!

Adelante, niña —

vuela.

Eres una
de las muchas
niñas que
están cambiando el
mundo para bien.

amistad

amor

deportes

matemáticas

arte

historia

ciencias

Sigue **bailando**.
Sigue **intentando**.
Sigue **creyendo**, incluso después
de haber **llorado**.
Sigue **atreviéndote**.
Sigue **compartiendo**
tu **corazón**.
Sigue **soñando**...
Y **siempre**, **siempre**,
siempre, **siempre**
siempre cree
en tus sueños.

Datos personales:

tu nombre completo:

- - - - - - - - - - - - - - - -

tus apodos:

- - - - - - - - - - - - - - - -

tu dirección permanente:

- - - - - - - - - - - - - - - -

canción que más escuchas:

- - - - - - - - - - - - - - - -

tu libro/color/película favorita:

- - - - - - - - - - - - - - - -

dónde vas cuando necesitas ir
a algún sitio:

- - - - - - - - - - - - - - - -

Un lugar para escribir tus más grandes y brillantes deseos, sueños y metas... o cualquier otra cosa que quieras.

Un mensaje de Penelope:

Paz y amor
a **todos**, pero
especialmente a
mis **hermanas**,
que me mantienen **fuerte**.